跟士带你去探索
科普绘本
（第三辑）

丛书主编　倪闽景
执行主编　宋　娴

沉睡海底的时间胶囊

科学顾问　魏　峻
作　　者　李无言
绘　　图　美丽科学

上海科技教育出版社

魏峻

复旦大学文物与博物馆学系研究员、前广东省博物馆馆长

"上海科普大讲坛"第133讲《沉舟出沧海——"南海Ⅰ号"探秘》演讲人

嗨！我是米娅，一名小学生，喜欢冒险和旅行，对世界充满好奇！

我有个非常厉害的"宝物"——神奇手表。神奇手表有许多奇特的功能：翻译动物语言、自动查找信息、对资料全息投影……最神奇的是，它能帮助我进行时间、空间，甚至思维的穿越！

汪汪！我是小Q，米娅的小伙伴，总是和米娅一起探险。我非常聪明，常常给米娅建议；偶尔也有些调皮，会制造一点小麻烦。

为什么外国人要来中国找船呢?
这是一艘什么样的船?
船上有宝藏吗?
想着想着,她沉沉睡去。

出海前，纲首带他们逛了逛港口集市，这里琳琅满目的货物让米娅和小Q不禁啧啧称奇。

纲首介绍道："集市上许多东西是从国外买来的。我们的商船到国外把中国的货物卖光，再买回国人喜欢的各种东西，运回来卖。"

"原来当年就有进出口贸易啦！"米娅不由得惊叹起来。

> 上好的阇婆*香料！

注：阇婆是位于东南亚地区的一个古代国家。

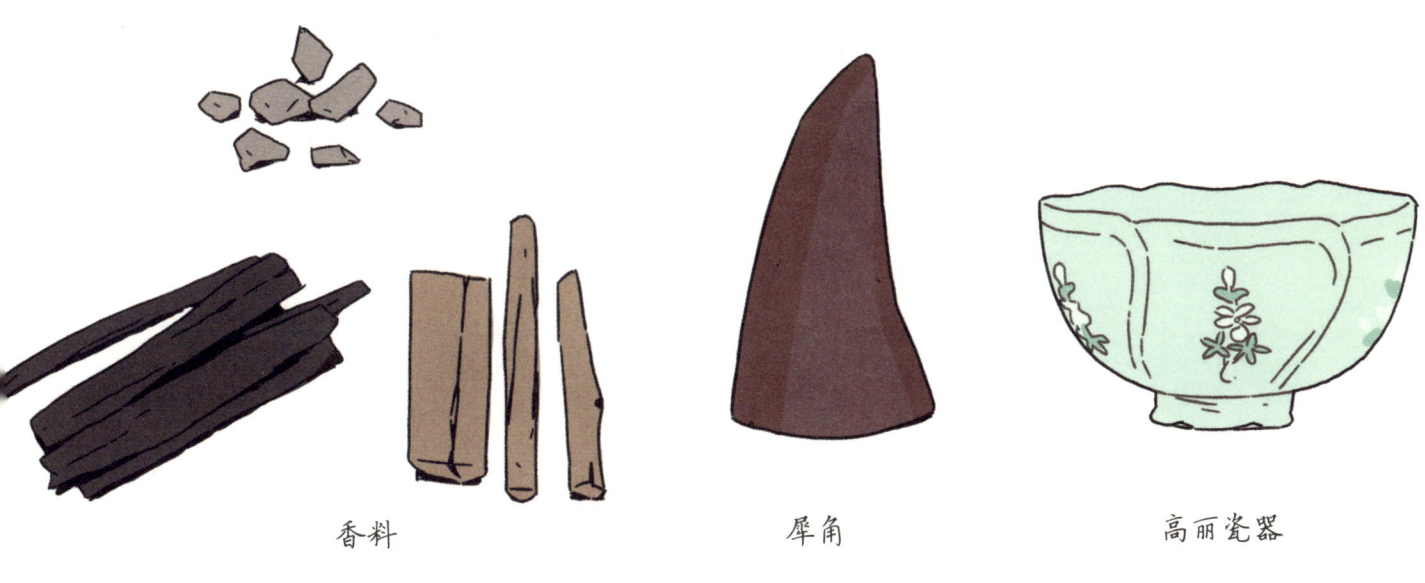

| 香料 | 犀角 | 高丽瓷器 |

这时,纲首看到路边有个小贩在叫卖橄榄,就带着米娅和小 Q 一起过去:"到海上就没什么吃的了,买点零食带上吧。"

米娅点点头,正想从口袋里掏手机付钱,却发现手机不见了,口袋里只有一个荷包。轻轻一碰,荷包里叮当作响。原来,荷包里面装着一些散碎金银。

"这些是钱吗?该怎么用呢?"米娅问。

纲首挠挠头,对米娅的提问哭笑不得。

| 铜钱 | 银铤 | 交子 | 金叶子 |

宋代的货币

在线上支付出现之前,商品交易离不开各式各样的实体货币。宋代以铜钱为主,还出现了最早的纸币——交子。在海洋贸易中,金、银等贵金属是最可靠的货币,和铜钱一样属于"硬通货"。

选一艘中国帆船,出发!

中国很早就开始造航海帆船,这种船被西方称为 Junk(戎克／容克船)。至宋代,中国航海帆船已演化出上千种类型,"广船"和"福船"就是其中最有名的两种。元代以后还流行过一种船头方方、船身扁扁,适宜在浅滩上行驶的船,叫作"沙船"。米娅即将乘坐的"福船"当年主要在福建沿海地区建造,由产地得名。郑和下西洋所乘坐的"宝船"也是这种类型哦!

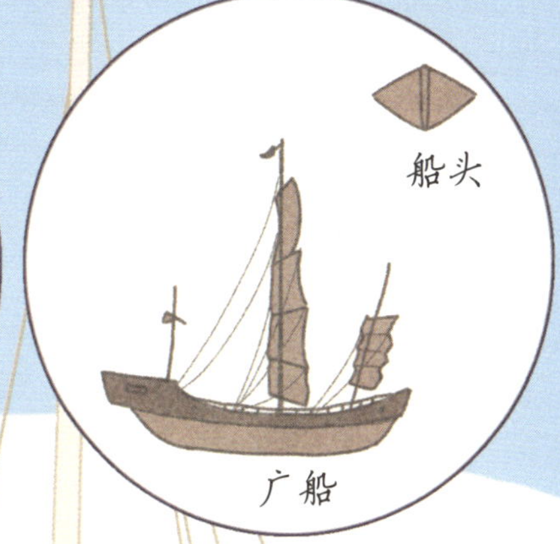

看!这才是我们的船。

它叫"福船",船头又尖又翘,船身比较窄,适合远洋航行,乘风破浪,又快又安全。我们快上船吧!

🏺 古代"黑科技"——水密隔舱

船在海上航行，如果遇到触礁、恶劣天气或其他意外状况，很容易发生破损，然后进水、沉没。怎样让船发生意外后不至于太快沉没？这是全世界航海业都苦恼的难题。

古代中国人苦思冥想，终于想到了一个好办法：用木板把船舱隔开，分成很多个独立空间。这些空间互不相通，船在航行过程中即使发生破损，海水也只能进入其中一个隔间，无法流入其他舱室，方便船员及时修补。这个发明大大提高了船在远洋航行中的安全性。

米娅乘坐的船，船体被分隔成 15 个独立舱室，这在当时是非常高的安全保障等级了。

米娅路过一个舱室,朝里仔细看,"这个舱室里有好多碗呀!船上有这么多人吃饭吗?"

纲首摆摆手说:"这些是准备卖给外国人的货物!他们最喜欢我朝的陶瓷器了。为了一次能多带些货,我们把它们捆得可紧实了。"

米娅仔细观察,发现这些陶瓷器还长得不太一样。

什么是陶瓷器？

陶瓷器分为陶器和瓷器两大类。

人们把黏土加水，捏成想要的形状（就像捏橡皮泥！），再用火烧硬，就制成一件陶器。

瓷器的原料则是高岭土等特殊的瓷土矿物。瓷器烧制温度更高，成品更白、更硬、更细腻。坯体涂上一层特殊的液体（釉料），烧结之后会形成玻璃状、亮晶晶的表面（釉面）。经过这些工艺制作出来的器皿就叫"瓷器"，它们不吸水、敲起来"叮叮叮"的声音很悦耳。中国是世界著名的陶瓷古国，中国的英文名"China"同时有瓷器的意思。

陶器

瓷器

著名的瓷器窑口

生产瓷器的地方被称作窑口。宋代海外贸易兴盛，东南沿海地区的窑业发展迅速，这些窑口生产的瓷器各有特色，比如浙江龙泉窑的青瓷、江西景德镇的青白釉瓷器，以及福建德化窑的白瓷，都非常有名。宋代还出现了许多专销国外的产品。

龙泉窑的青瓷

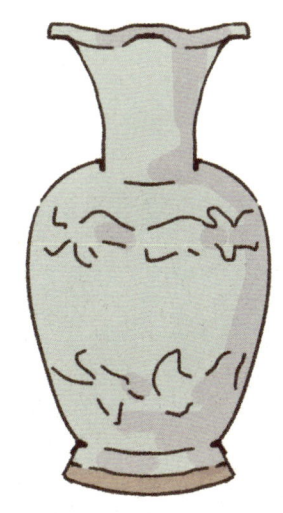
景德镇的青白釉瓷器

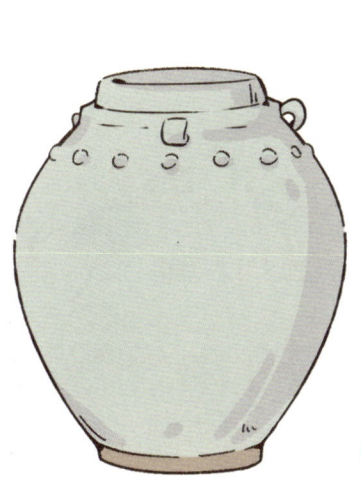
德化窑的白瓷

继续走着,他们来到客商的房间。客房里床铺整洁,床边放着一只精美的漆盒。小Q打开漆盒,发现里面是金灿灿的饰品。

这些是大食*人定制的,所以风格很特别呢!

注:大食是中国唐宋时期对西亚地区古国的称呼。

中国的货物，为什么会有外国风格？

因为中国的传统饰物不一定符合外国人的审美和喜好，所以我国工匠会根据外国买家的要求和设计图样进行个性化定制，这种贸易形式被称作"来样加工"。这就是为什么我们卖给外国人的一些首饰（还有瓷器）的风格、图案看上去充满异域风情。

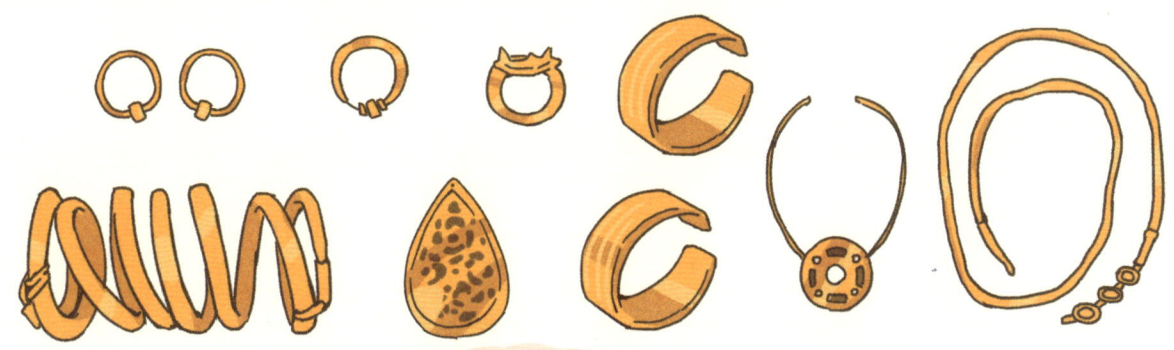

米娅把金饰都戴到自己身上："我来做一回大食公主！"

耳环

嵌宝石戒指

金带钩侧带扣

项链

金镯

这时有人喊了一声:"开饭啦!"

船上一阵骚动,米娅和小Q赶紧结束船舱里的"冒险",跟着纲首向厨房走去。

他们发现船上有很多人,人人都有自己的工作。大家各司其职,保证了船的平稳运行。一艘船就是一个微缩的世界。

水手
负责杂务

直库
保管仓储和防海盗武器

梢工
船尾掌舵

米娅和小Q跟着船员们来到厨房,就着花椒和胡椒吃了一碗鱼配饭。

"味道真不错!"

 这些食物是什么时候来到中国的?

我们现代生活中很多习以为常的食物,宋代的人可吃不到呢。不过相比更早的朝代,宋代已经普及用铁锅炒菜了,菜式也已经大为丰富了。

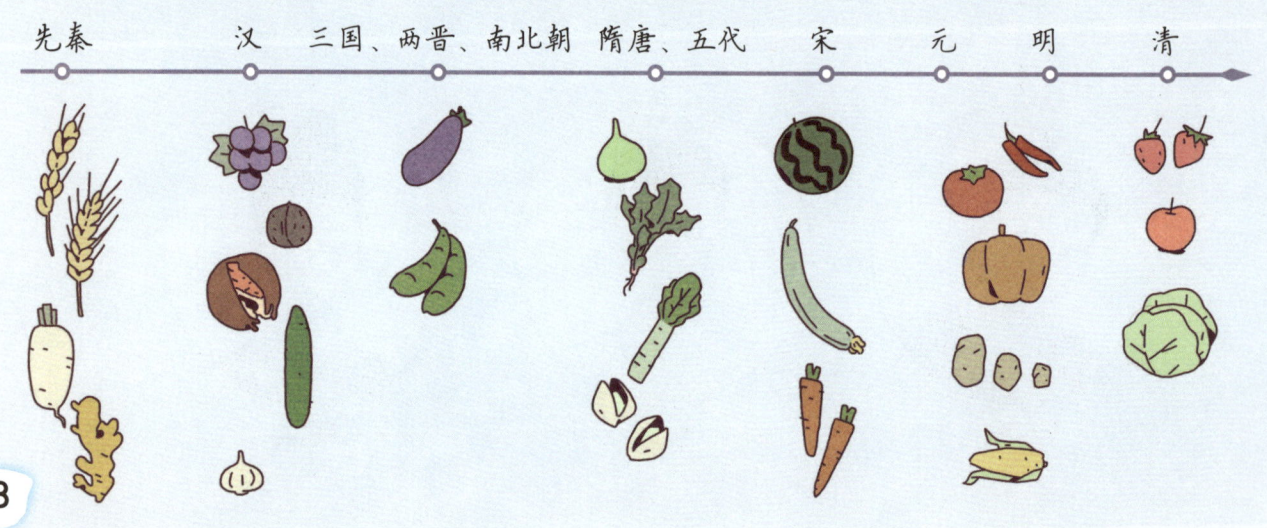

"这些鱼都是我们船上的人自己捕捞上来的!你们以后也可以加入我们的捕鱼队伍!"

饱餐一顿之后,纲首递给米娅和小Q一串葡萄:"来吃点水果吧!水果对保持身体健康非常重要。远洋航行中蔬果很珍贵,我们每次靠岸停泊都要趁机多补充一些新鲜蔬果。"

大家吃饱喝足,心满意足地走出厨房。米娅碰到一些聚在甲板上玩乐的船员。她好奇地问:"你们在玩什么呀?"一位船员说:"我们玩玩围棋、掷掷骰子,给枯燥的生活加点'料'。"另一位船员说:"是啊!我们在船上每天看到的只有天空和大海,船几乎就是我们的整个世界,时间在这里好慢、好慢……"

米娅和小Q正想加入他们，不料海上突然狂风大作，船身剧烈摇晃起来，船上乱成一团……米娅感到双脚悬空、头晕目眩，紧接着眼前一片黑暗，耳边充斥着风雨声、浪涛声、呼喊声、东西撞击声，渐渐远去……

米娅再次睁开眼睛,发现自己躺在家里,小Q正在她身旁呼呼大睡。

原来是个梦啊……

她惊魂未定,暗自庆幸一切都不是真的。

这时,神奇手表突然闪烁起来,接着,手表开始播放一段纲首从遥远时空传来的画面。

亲爱的米娅:

告诉你一个不幸的消息。我们的船在出海不久就沉没了。我知道你有特殊能力,能不能麻烦你几件事?

请你找到我们的船,查明沉船的原因,并告诉你们时代的人,我们是如何生活的。另外,听说很多外国寻宝人想要盗取船上的珍宝,请务必赶在他们之前,守护我们的沉船!

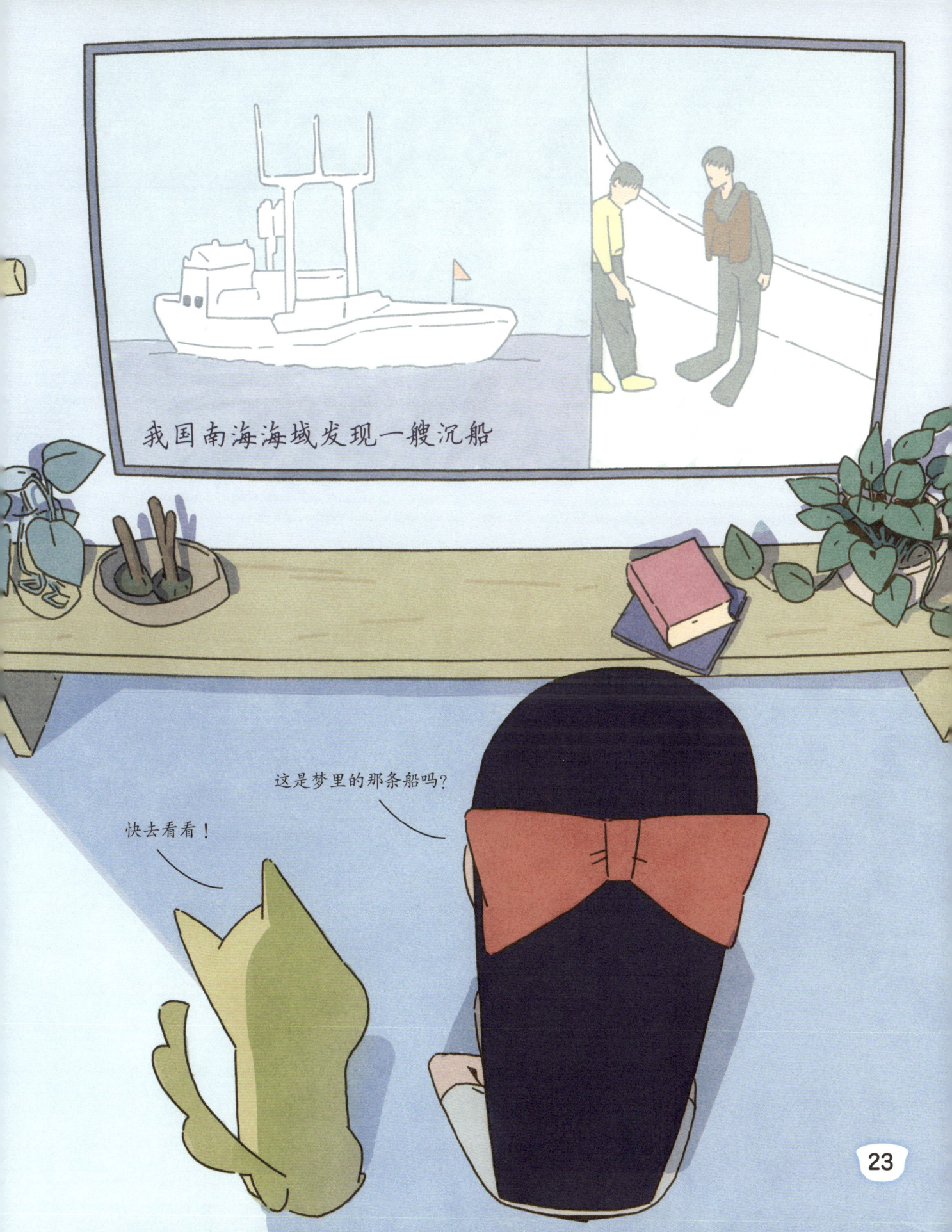

仿佛听到了米娅的心愿,手表将他们带到了海底沉船边。米娅感觉周围黑乎乎的,浑浊的水里隐约有一大团淤泥。她感到呼吸困难、耳朵很疼,和小Q一起止不住地往下沉……

一位陌生人及时出现,将他们救到岸上,奇怪地问道:"你们怎么会在这里?"

米娅焦急地回答:"我们想找一条很多年前沉没的船,船上藏着很多秘密!但是水里好难受啊,而且什么也看不清。"

这个陌生人说:"那找我就对啦!我是一名考古学家,专门寻找和解开过去人们留下的奥秘。你可以叫我魏老师。"

魏老师将他们带上科考船,打开声呐开始探测。他对米娅说:"你们看这个轮廓,估计它就是一艘沉船。船只沉没一般都是因为发生意外,很快沉底并被海底淤泥盖住。因为淤泥隔绝了空气,环境又相对稳定,所以当时船上的很多信息都会被保留下来。一艘沉船就像一颗时间胶囊,等着未来被发现。"

什么是声呐?

我们平时能看到东西,是光被物品表面反射到眼睛里的结果。但光在水下很难传播,人类一般只能看到十几米到几十米的距离。在水里几乎畅通无阻的是声波,于是人们发明了声呐,用发送、接收和检测声波的方法探测水下目标的形状和距离,它就是我们水下的"眼睛"。

"通过这两年的考古调查,我们认为这应该是宋代的船只。因为它在南海海域被发现,所以我们给它取名'南海Ⅰ号'。"魏老师说。

米娅觉得这就是梦中的那艘船。

 ## "南海Ⅰ号"的发现

英国人对"莱茵堡号"沉船的寻找,让我们阴差阳错发现了"南海Ⅰ号"沉船。它是一条宋代的远洋贸易商船,从广州出发后不幸沉没,已经在海底沉睡了800多年。"南海Ⅰ号"的发现,揭开了我国古代海上丝绸之路的一段往事。

陆上丝绸之路与海上丝绸之路

2100多年前,汉武帝派张骞出使西域,开辟了丝绸之路。这条陆地上的贸易路线,从当时首都长安(今天的西安)向西,一直通到地中海附近。

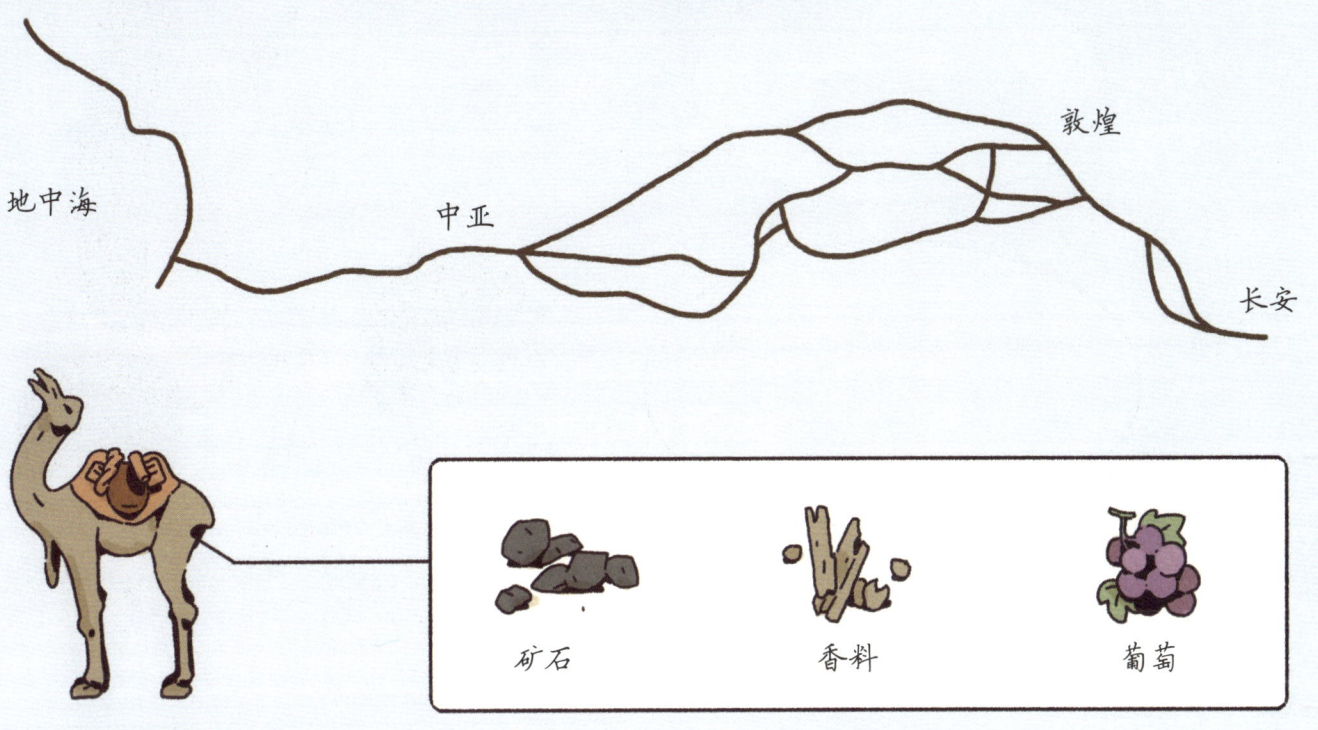

1200多年前的唐朝中后期,由于北方战乱、经济中心南移等原因,陆上丝绸之路逐渐衰落,我国东部沿海地区连接海外的航海运输变得重要起来,海上丝绸之路由此进入黄金时期。

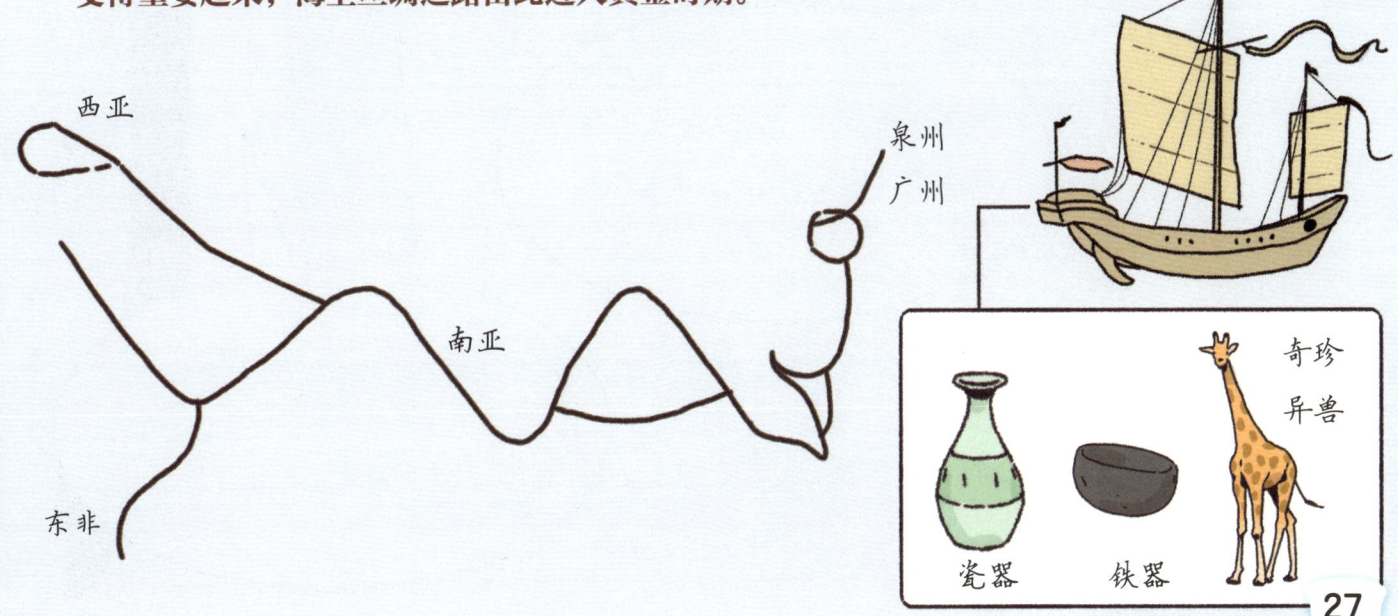

渔民拖网

鱼啃食

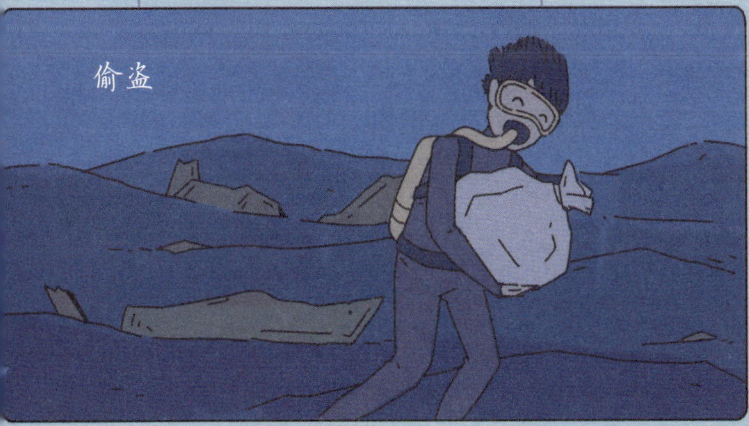

偷盗

🏺 守护水下文化遗产!

水下文化遗产是指在水下存在超过 100 年的人类留下来的物品,如房屋、船只、飞机、工艺品等。这些文化遗产对我们了解过去发生过什么、有过什么样的文化具有非常重要的意义!

"船、货物和所有船员生活的痕迹都在淤泥里,要怎么帮助纲首他们呢?"米娅急得快要哭出来。

小 Q 叼了叼米娅的裙摆想安慰她,却拉得她一个趔趄。米娅不小心按到了手表,周围开始旋转。

2006年"南海I号"讨论会

等到旋转停下来,米娅定睛一看,似乎还是那间会议室,但人多了许多。

魏老师看到米娅十分激动:"是你呀,十多年没见啦!这十几年水下考古人员的队伍壮大了不少,科技也有了很大的进步。我们决定正式开启'南海I号'重见天日大作战,你要不要加入我们?"

米娅欣然答应。

有很多困难和挑战摆在大家面前,第一个挑战就是:应该在水下还是陆地上保护和利用"南海I号"?

【挑战❶：水下，还是陆上？】

"水下考古？"米娅感到奇怪，"我知道考古是把土里的东西挖出来做研究，那水下考古是什么呢？研究'南海Ⅰ号'是水下考古吗？"

水下考古是什么？

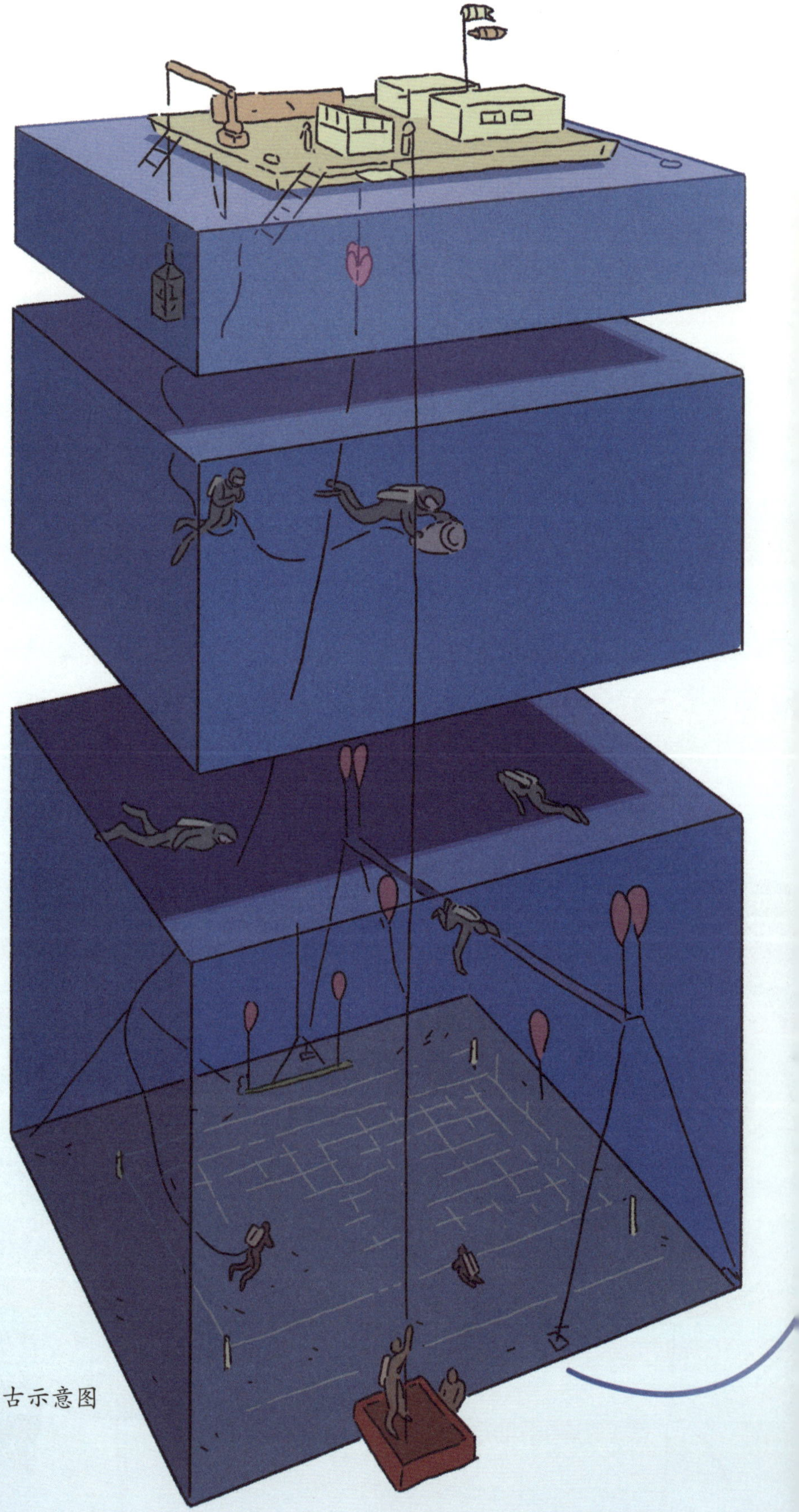

考古是根据古人遗留下来的实物遗存，研究人类历史的学问。这些实物遗存一般被埋在泥土里，需要考古人员发掘、整理。那些水下的文化遗存就需要潜水来发掘了。

但请注意，考古是研究古代人类的，所以挖恐龙不是考古哦！

水下考古示意图

"不如这样！"只听魏老师说，"因为沉船所在的水下环境几乎什么都看不见，不能按照传统的水下考古方法，但我们可以尝试一种全新的考古方式：先把'南海Ⅰ号'完整地打捞到地面上，然后用陆上考古的方式进行发掘。"大家听了都感觉非常振奋。

接下来，怎么把"南海Ⅰ号"带到陆地上就成了新的挑战。

陆上考古

【挑战❷：打捞它！】

"怎样才能把这么大的船捞起来呢？要是我的神奇手表有这个功能就好了！"米娅替他们头疼。考古学家提出："我们可以用一个巨大的箱子把船'打包'，然后用吊机吊出水面。"

 把"南海Ⅰ号"捞出来需要几步？

第一步：量大小，制作"罩子"。

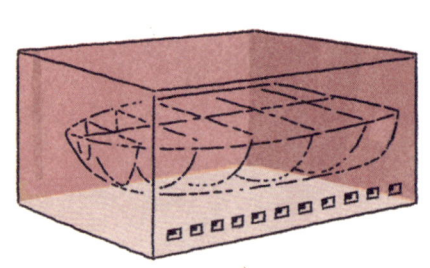

第二步：用"罩子"罩住船。

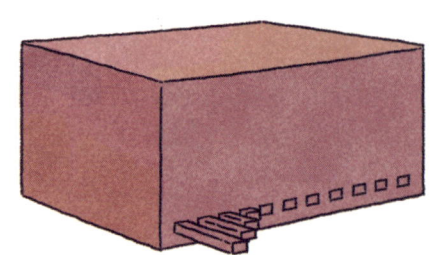

第三步：用长条的底托梁穿过船底，"罩子"变成"箱子"。

接下去的很多天,米娅看到考古人员们彻夜讨论方案,到处找工程专家咨询、做模拟实验,为完成看似"不可能的任务"做了细致准备,但打捞过程仍有重重难关等着他们。

第四步:捞起来!放在船上。

第五步:上岸啦!

打捞过程的主要敌人有：大风，它阻止大家开展工作、让人晕船；泥沙，它让人看不见海里的情况，并且形成淤泥障碍；浮力，它亦敌亦友，有时帮忙，有时阻挠。

泥沙

浮力

第一关：做一个钢箱，把船罩起来。虽然钢箱是一个能精准定位的"巨无霸"，但浮力阻止下沉，并且不断有淤泥捣乱，钢箱一直沉不到底……

攻略：用水泥块给钢箱增重，战胜浮力；派出抽泥机和吹泥机助阵，顺利"驱赶"泥沙。

大风

第二关：由潜水员把 36 根长长的底托梁穿过淤泥，构成箱子的底部。这个过程就像在海底"穿针引线"，非常艰难。因为过程中很难对齐"针眼"，并且风浪持续多日，差点失败……

攻略：改进底托梁！让底托梁头上"长出"喷水管来"开路"。底托梁稳定性大增，人们又抓住风浪间歇的时机，终于成功穿过！

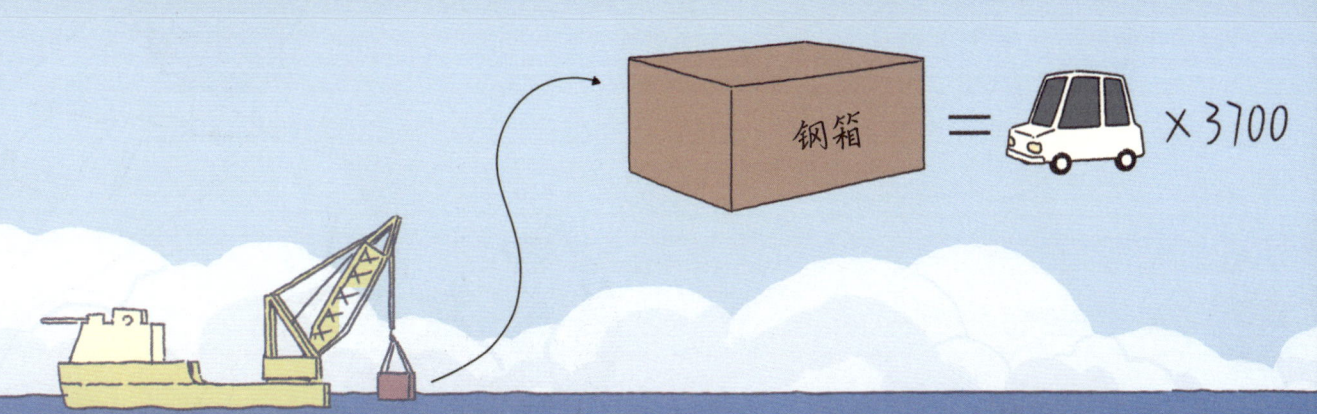

第三关：打捞上岸。装载了沉船的钢箱实际上有 5500 吨，在水中时有浮力相助，相当于 3000 多吨；而一出水就恢复了实重，超过了超强起重船"华天龙号"的最大力量……

攻略：派出好帮手"重任 1601 号"船，在钢箱和船出水时马上接住，再稳稳送到码头。

"开始打捞'南海Ⅰ号'时,中国水下考古才刚刚起步、毫无经验,我们从最基本的潜水开始学习,经常面临危险……"

几代水下考古人持续奋斗,一点点摸索出水下考古的技术和方法……

"现在,我的学生们都成了独当一面的水下考古学家,中国水下考古也从无到有、慢慢变强,达到世界领先水平!"

"这些年我们付出了很多,但没有什么比成功挖掘沉船背后物质文化信息,保护我们国家的文化遗产更美妙、更有意义的事了。"听着魏老师的话,米娅备受鼓舞,暗自下定决心,也要努力做对社会有用的事。

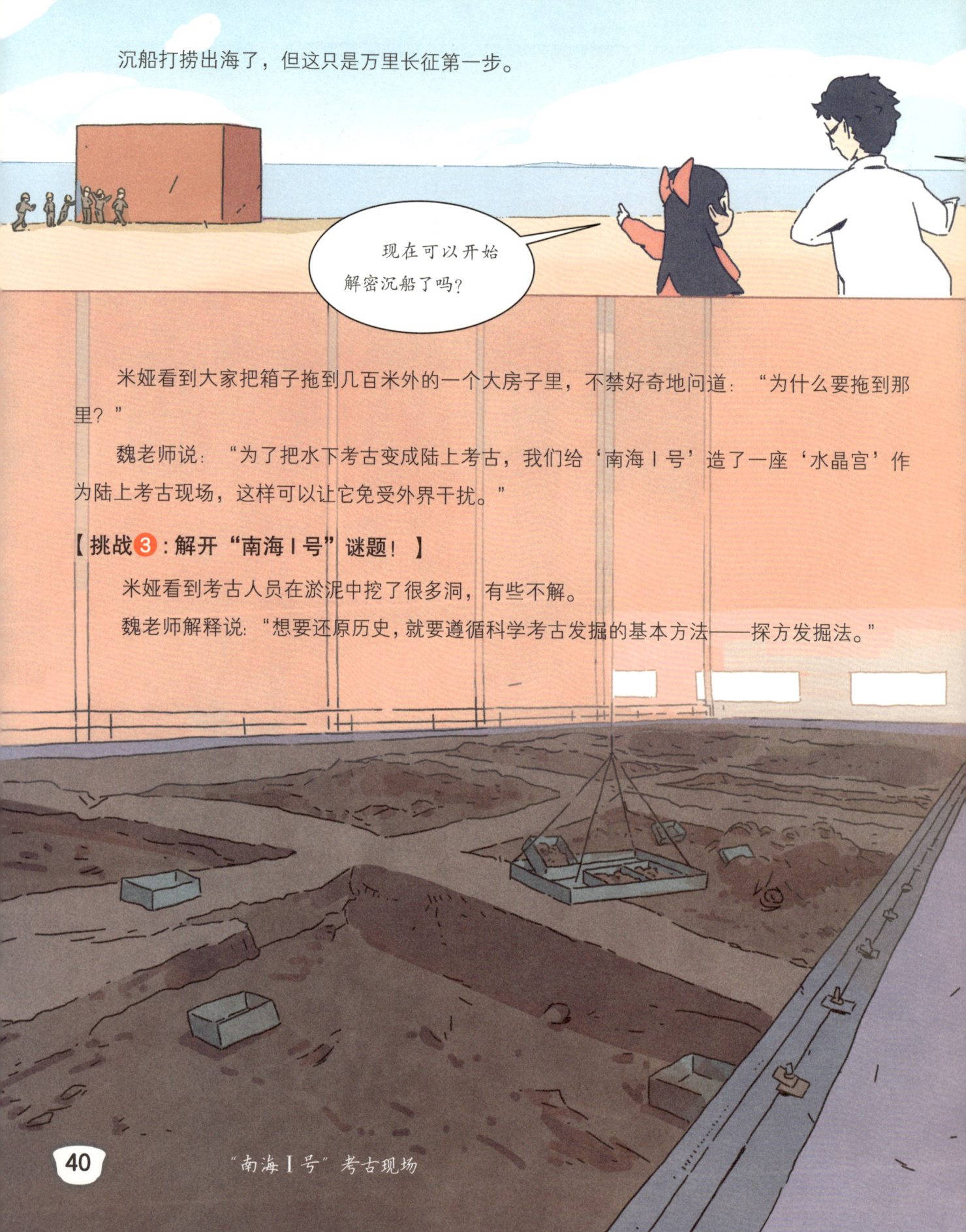

沉船打捞出海了,但这只是万里长征第一步。

"现在可以开始解密沉船了吗?"

米娅看到大家把箱子拖到几百米外的一个大房子里,不禁好奇地问道:"为什么要拖到那里?"

魏老师说:"为了把水下考古变成陆上考古,我们给'南海Ⅰ号'造了一座'水晶宫'作为陆上考古现场,这样可以让它免受外界干扰。"

【挑战❸:解开"南海Ⅰ号"谜题!】

米娅看到考古人员在淤泥中挖了很多洞,有些不解。

魏老师解释说:"想要还原历史,就要遵循科学考古发掘的基本方法——探方发掘法。"

"南海Ⅰ号"考古现场

我们一起看看吧！

什么是探方发掘法？

考古发掘时会把整个发掘区域划分成许多个面积相同的正方格（即探方），各探方分工发掘。探方相当于网格化的直角坐标系，能科学管理考古发掘中垂直和水平方向的进度和遗存情况，精确记录出土文物的三维位置。

探方的大小根据实际情况而定，一般为长宽各 5 米，探方之间是宽约 1 米的隔梁。

突然一名考古人员惊呼:"我找到一个漆盒!"

米娅和大家一起围了过去,小心翼翼打开后,发现漆盒里装了很多金饰,和她梦中戴过的一模一样!这一刻米娅确认,眼前的"南海I号"就是她梦中的那艘船。

除了漆盒,考古人员还发掘出了各种各样的文物。

"南海 I 号"有这么多文物!

经过仔细清理和发掘,考古人员在"南海 I 号"里一共发现了 18 万件文物!有瓷器、金器、铁器、漆器、铅锡器、动植物等多种类型。这些都是当时中国对外贸易繁荣的重要见证。

带柄湖州铜镜

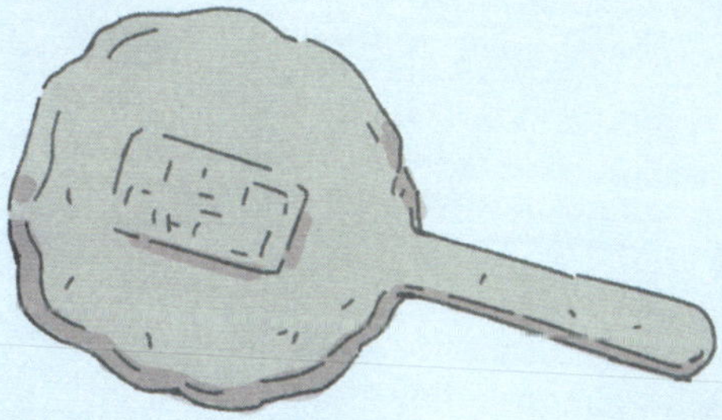

漆盒

铁锅

"南海 I 号"的船主还带了上万枚铜钱,这表明中国货币是当时"海上丝路"的通用货币。

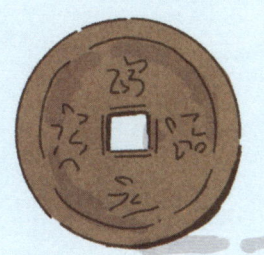

考古技能大比拼

提取出文物之后，就要开始研究这些文物背后的历史真相啦！考古学家没有米娅的神奇手表，他们要解开文物之谜，要靠各种科技考古手段大显神通！

第一组：考古现场的测量和记录，这是研究、保护和复原的基础。

第二组：在实验室中检测文物，确定文物的年代、成分等信息。

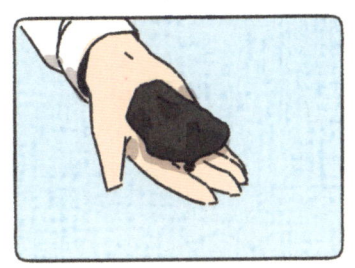

第三组:文物的保护和修复。

离子色谱仪

脱盐中……

3D打印机

你们都只能做检测，我却能"无中生有"，"打印"出文物缺损的部分，然后补全文物！

大家都好厉害！

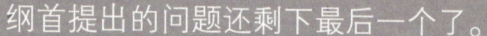

 **沉没原因猜想**

一般来说，船只发生海难沉没的原因可分为自然灾难和人为破坏，"南海Ⅰ号"也不例外。它沉没在海上丝绸之路的必经之路上，这一带有各种危险，船只每次出海都是一次冒险。

第一个可能的原因是大风和风暴潮。突发的大风大浪可能导致了船只倾覆。

第二个可能的原因是装货有些"头重脚轻"，让船只无法扛住狂风巨浪。

第三个可能的原因是海盗破坏。这是近海沿岸航行的风险之一，但这个猜想目前还无法证明。

这艘船的部分谜题终于解开了。接下来该做什么呢?

船里的货物这么珍贵,我们赶紧都藏起来吧!

考古人员并不认同:"这么重要的船,要让更多人看到才有意义啊!不如我们造一座博物馆吧!"

造博物馆真是好想法!

"南海Ⅰ号"是我国海洋贸易领先世界的忠实记录,这艘船上的人用如此悲壮的方式为我们留下这么多物质遗存和精神财富,我们一定要好好守护!

就这样,"南海Ⅰ号"在广东阳江的海上丝绸之路博物馆安家了。它在这里迎接八方来客,向大家诉说自己的"前世今生"。

"南海Ⅰ号"作为宋代海上丝绸之路上的沉船,为海上丝绸之路提供了文献记载之外的实物证据。一条条沉船还原了无形的"丝绸之路",而"南海Ⅰ号"就是其中一个闪耀的节点。它满载的各种信息还原了古代百姓的生活图景,让现代人能够穿越回宋代,与当时的人们对话。

　　考古人员经过攻坚克难,探索出保护沉船的新方式——"迁移式保护"。这种突破性成就帮考古人员完成了"不可能的任务",是标志我国水下考古达到世界一流水平的里程碑!

我国除了追寻古代陆上丝绸之路和海上丝绸之路的遗迹，还提出开发"丝绸之路经济带"和"21世纪海上丝绸之路"的远大蓝图，简称"一带一路"。它代表着我们遥远先辈的思想和精神在新时代有了新的传承。中国一直在为构建人类命运共同体不懈努力着。

图书在版编目（CIP）数据

沉睡海底的时间胶囊/倪闽景主编. —上海：上海科技教育出版社，2023.12
（"院士带你去探索"科普绘本）
ISBN 978-7-5428-8075-8

I. ①沉… II. ①倪… III. ①南海—沉船—考古发掘—儿童读物 IV. ①K875.352-49

中国国家版本馆CIP数据核字（2023）第244782号

丛书主编　倪闽景
执行主编　宋　娴

院士带你去探索（第三辑）

沉睡海底的时间胶囊
CHENSHUI HAIDI DE SHIJIANJIAONANG

科学顾问　魏　峻
作　　者　李无言
绘　　图　美丽科学

责任编辑　程　着
装帧设计　李梦雪
本册绘图　王鸿涛　张嘉君　李梦雪

出版发行　上海科技教育出版社有限公司
　　　　　（上海市闵行区号景路159弄A座8楼　邮政编码201101）
网　　址　www.ewen.co　www.sste.com
经　　销　各地新华书店
印　　刷　上海华顿书刊印刷有限公司
开　　本　889×1194　1/16
印　　张　3.5
版　　次　2023年12月第1版
印　　次　2023年12月第1次印刷
书　　号　ISBN 978-7-5428-8075-8/G·4815
定　　价　38.00元